Bibliografische Information der Deutschen Nationalbibliothek:

Die Deutsche Bibliothek verzeichnet diese Publikation in der Deutschen National-bibliografie; detaillierte bibliografische Daten sind im Internet über http://dnb.d-nb.de/ abrufbar.

Impressum:

Copyright © 2005 GRIN Verlag, Open Publishing GmbH
Druck und Bindung: Books on Demand GmbH, Norderstedt Germany
ISBN: 978-3-656-93467-7

Dieses Buch bei GRIN:

http://www.grin.com/de/e-book/151531/intrusion-detection-systeme

Matthias Mehmke

Intrusion Detection Systeme

GRIN Verlag

GRIN - Your knowledge has value

Der GRIN Verlag publiziert seit 1998 wissenschaftliche Arbeiten von Studenten, Hochschullehrern und anderen Akademikern als eBook und gedrucktes Buch. Die Verlagswebsite www.grin.com ist die ideale Plattform zur Veröffentlichung von Hausarbeiten, Abschlussarbeiten, wissenschaftlichen Aufsätzen, Dissertationen und Fachbüchern.

Besuchen Sie uns im Internet:

http://www.grin.com/

http://www.facebook.com/grincom

http://www.twitter.com/grin_com

Intrusion Detection Systeme

Seminararbeit zur Erlangung eines Leistungsnachweises
im Fach Informationsmanagement

vorgelegt an der
Hochschule für Bankwirtschaft
Private Fachhochschule der BANKAKADEMIE

im Sommersemester 2005

von: Matthias Mehmke

Fachsemester: 4

Inhaltsverzeichnis

1. Einführung

Heutzutage sieht sich ein lokales Netzwerk mit Verbindung zum Internet, einer Vielzahl von Gefahren ausgesetzt. Firewalls bieten zwar eine gute erste Sicherung dieses Netzes, eine garantierte einhundertprozentige Sicherheit wird es aber nie geben. Software- und Konfigurationsfehler in der Firewall bieten Schwachstellen nach außen hin, während auch von innen durch die Netzwerkclients Gefahrquellen existieren. Insofern ist, gerade für Firmennetze in denen sensible Daten genutzt und gespeichert werden, eine zusätzliche Sicherung erforderlich. Ein Intrusion Detection System (im Folgenden kurz IDS genannt) hat die Aufgabe diese Lücke zu füllen, indem es Angriffsversuche aufdeckt und in Form von so genannten Alarmen meldet.

Die Problematik die im Zusammenhang mit IDS entsteht, liegt in dem Auftreten von Fehlalarmen. Dabei wird unterschieden zwischen positiven und negativen Fehlalarmen. Ein positiver Fehlalarm ist eine Meldung des IDS, ohne dass dafür ein wirklicher Angriffversuch vorliegt. Im Gegensatz dazu erzeugt ein negativer Fehlalarm trotz Angriffsaktivitäten keine Meldung des IDS.

In dieser Seminararbeit möchte ich in den Kapiteln 2 und 3 zunächst auf die Funktionsweise von IDS im Allgemeinen eingehen, d. h. losgelöst von bestimmten Implementationen. In den Kapiteln 4 und 5 werde ich einige Angriffsverfahren erläutern und beispielhaft auf die Erkennung durch IDS eingehen. Ebenfalls anschneiden möchte ich das Thema Intrusion Prevetion Systeme in Kapitel 6, da es ähnliche Zielsetzungen verfolgt und in ganzheitliche Sicherheitskonzepte ebenfalls mit eingeplant werden sollte. Abschließen werde ich die Arbeit mit einem eigenen Fazit in Kapitel 7. Größere Abbildungen habe ich zur besseren Lesbarkeit in einem eigenen Abbildungsverzeichnis im Anhang eingefügt. Auch wird an einigen Stellen auf Begriffserklärungen im Index verwiesen.

2. Grober Umriss der Technologie

Die Bestimmung dieses Kapitels ist es, Sinn u. Zweck von Intrusion Detection Systeme zu erklären und einen ersten Überblick über die Technik zu geben.

Eine Intrusion (im Folgenden „Angriff" genannt) kann [gemäß Heberlein, Levitt und Mukherjee, 1991] wie folgt beschrieben werden: „Eine Menge von Handlungen, deren Ziel es ist, die Integrität, die Verfügbarkeit oder die Vertraulichkeit eines Betriebsmittels zu kompromittieren". Allgemeiner gefasst kann man unter einer Intrusion die absichtliche Verletzung der Sicherheitsmaßnahmen eines Systems verstehen. Das Ziel der Intrusion Detection ist es, diese Verletzungsversuche zu erkennen, sie für den die Systemsicherheit zuständigen Personen zu melden und mit geeigneten Informationen über den Angriff zu versorgen.

Das Verfahren zur Erkennung von Angriffen ist dabei das Sammeln aller Netzwerkdaten an einem oder mehreren Punkten des Netzwerkes und das Analysieren dieser, um damit feindliche Aktivitäten zu erkennen. Wird ein potentieller Angriff erkannt, so gibt das System Alarm, was in der Regel eine Benachrichtigung an den Systemadministrator (oder anderen verantwortlichen IT-Spezialisten) ist. Ich spreche an dieser Stelle von potentiellen Angriffen, da eine Meldung des IDS immer auch ein positiver Fehlalarm sein kann. Dies zu evaluieren ist zunächst die Aufgabe des Administrators.

Ein solches System zur Erkennung von Angriffen kann, je nach Sicherheitsbedürfnis, auch sehr komplex aufgebaut sein. Eine der einfachsten Umsetzungen kann Abbildung 1 des Abbildungsverzeichnisses entnommen werden. Auf die erweiterten Möglichkeiten eines IDS wird in den folgenden Kapiteln eingegangen.

3. Aufbau von IDS

a) Grundsätzlicher Aufbau

Die Umsetzung eines IDS hängt stark von den Sicherheitsbedürfnissen und der Struktur des zugrunde liegenden Netzwerks ab. Die im Folgenden beschriebenen Bestandteile finden sich dennoch in irgendeiner Weise in jeder Implementierung wieder. Dies kann in einer zentralen, dezentralen oder hybriden Umsetzung, anhand von Signaturen oder anderen Verfahren erfolgen.

Die drei Schichten[1] eines IDS sind Sensoren, Agenten und Manager. Die Sensoren haben lediglich die Aufgabe, Datenpakete zu sammeln und diese an die Agenten weiterzuleiten. Sie können an verschiedenen Positionen im Netzwerk angebracht sein um Gefahren sowohl von außen wie auch innerhalb eines Netzwerkes zu erkennen. Die Agenten wiederum analysieren die ihnen von den Sensoren übergebenen Pakete und melden Aktivitäten, die auf Angreifer zurückzuführen sind, an den Manager weiter. Dieser reagiert dann entsprechend auf die Meldungen und gibt in der Regel Alarm. Auf Metaebene betrachtet werden somit von Schicht zu Schicht die Daten verdichtet bis letztendlich nur angreifende Aktivitäten sichtbar werden.

Neben dieser mehrstufigen IDS-Struktur gibt es auch die Möglichkeit ein einstufiges Peer-to-Peer IDS aufzubauen. Dazu werden Firewalls so konfiguriert, dass sie bei bestimmten Ereignissen (potentiellen Angriffen) mit anderen Firewalls kommunizieren, welche dann ihre Sicherheitsrestriktionen anpassen. Da diese Art IDS nur sehr begrenzte Möglichkeiten bietet und im professionellen Einsatz kaum genutzt wird, werde ich darauf nicht weiter eingehen.

Der mehrstufige Schichtaufbau liegt den meisten IDS-Implementierungen zugrunde und erlaubt eine äußerst flexible Umsetzung.

Die nun folgenden Kapitel befassen sich der Beschreibung der einzelnen Schichten und ihren Anwendungsmöglichkeiten.

---

[1] Abbildung: Endorf, Schultz, Mellander – „Intrusion Detection & Prevention"

* markierter Querverweis wird im Index genauer erklärt

b) Sensoren - Datensammlung

Sensoren sind auf der ersten Stufe des IDS für die Datensammlung verantwortlich. Ihre Funktion ist das Empfangen von Daten und Weiterleiten an den entsprechenden Agenten. Im Folgenden muss zwischen zwei Arten von Sensoren unterschieden werden:

Netzwerk-basierte Sensoren – Diese Art Sensor wird derzeit am häufigsten verwendet und kann ein Programm oder ein Netzwerkgerät sein, das Daten an einem Netzwerkknoten mit empfängt. Sensoren können dabei so konfiguriert sein, nur bestimmte Pakete (z. B. nur ftp-Verkehr) weiterzuleiten, so dass die Gesamtlast auch über mehrere Sensoren an einem Netzwerkknoten verteilt werden kann. Das zu diesem Zweck meistgenutzte Programm ist tcpdump. Es filtert den überwachten Datenverkehr und empfängt die relevanten Pakete. Zum Unterscheiden und Entkapseln der Pakete benutzt tcpdump die systemunabhängige Paketbibliothek libcap. Von besonderer Bedeutung zur Paketauswertung sind dabei Paketzeitpunkt, Quell- und Zieladresse sowie die Portnummern, TCP-Flags, Sequenznummern und Paketgrößen (siehe Abbildungsverzeichnis - Abbildung 2).

Die einzige noch offene Frage ist, wie der Sensor die Pakete erhält, die durch den beobachteten Netzwerkknoten transferiert werden. Während sich bei einem Hub diese Frage nicht stellt, da alle Pakete an alle Teilnehmer (ähnlich eines Broadcasts) versendet werden, sind bei einem Switch besondere Vorkehrungen notwendig. Dazu werden in der Regel so genannte Monitoring Ports genutzt, die vom Switch zu diesem Zweck als besondere Funktionalität zur Verfügung gestellt werden müssen. Über diese Ports wird dann der gesamte Netzwerkverkehr des Switchs an den Sensor weitergeleitet.

Um Sensoren vor den „Augen" eines Angreifers zu schützen, werden diese oftmals im Stealth Mode* betrieben.

Die Platzierung der Sensoren kann theoretisch an jeder Position des Netzwerkes Sinn machen. Zwei Positionen haben sich in der Praxis allerdings als besonders sinnvoll herausgesellt:

```
-------------------------------
|    Internet                 |
-------------------------------
              |
-------------------------------
|         Firewall            |
-------------------------------
              |
       --------------
       |   Sensor   |
       --------------
              |
       --------------
       |    LAN     |
       --------------
```

Die Eine[1] ist die Platzierung innerhalb des lokalen Netzes, also hinter der Firewall, welche die Abgrenzung zum öffentlichen Netz darstellt. Sensoren die innerhalb der Firewall platziert sind, dienen der *Einbruchs*erkennung und können Hinweise auf Schwachstellen der Firewall aufzeigen.

Die andere gängige Methode[2] ist das Platzieren vor der Firewall, in direktem Kontakt zu dem unsicheren öffentlichen Netz. Dadurch erhält der Sensor alle Daten die in Folge der bestehenden Internetverbindung auftreten. Er registriert, im Gegensatz zu einer internen Platzierung, auch erfolglose Angriffsversuche. Damit dienen seine Daten im Wesentlichen der *Angriffs*erkennung.

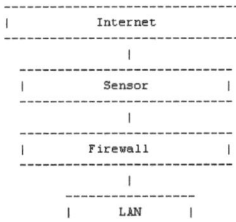

Host-basierte Sensoren – Diese Art Sensor ist ein Dienst, der sich auf einem zentralen Rechner befindet. Der Rechner erhält dabei aufgrund der Netzwerkinfrastruktur alle relevanten Pakete und ist direkter Angriffpunkt für potentielle Eindringlinge. Für das Sammeln der Daten werden hierbei keine Netzwerkpakete ausgewertet, sondern aufgrund der zentralen Position des Rechners, dessen Systemdaten. Dies kann durch verschiedene Verfahren erfolgen:

- Erstellen von Logfiles verschiedener Dienste und Anwendungen.
- Betriebsdaten des Rechners wie z.B. CPU-Auslastung, Speicherbelegung, etc. werden protokolliert.
- Bilden von Auditdaten auf Abstraktionsebene – Sie bilden den Chronologischen Ereignisstrom ab („Wer hat sich angemeldet", …).

Der Vorteil dieser Sensoren ist, dass Auswirkungen von Angriffen besser sichtbar gemacht und nachvollzogen werden können. Allerdings strapaziert das die Rechenleistung dieses zentralen Netzwerkknotens stark.

---

[1] Abbildung: Internet-Quelle; nicht-offizielles IDS-Tutorial
[2] Abbildung: Internet-Quelle; nicht-offizielles IDS-Tutorial

* markierter Querverweis wird im Index genauer erklärt

Neben den beiden reinen netzwerk- bzw. hostbasierten Sensoren, werden in der Praxis meist Mischformen verwendet, die an die individuelle Infrastruktur des Netzwerkes angepasst ist. Es ist dabei auch möglich, netzwerkbasierte Sensoren mit mehreren hostbasierten Sensoren (an zentralen Netzpunkten) zu verknüpfen, um die Sicht auf das Netzwerk zu verbessern.

Des Weiteren gibt es noch seltener verwendete Verfahren (Application Based oder Stack Based Intrusion Detection), sowie Konstellationen im Zusammenhang mit demilitarisierten Zonen* oder in Kombination mit Honeypots*, die an dieser Stelle allerdings zu weit führen würden.

c) Agenten - Datenanalyse

Ein Agent ist eine Gruppe von Prozessen, die unabhängig arbeitet und die ihm von Sensoren als Input übergebenen Pakete analysiert. Wie dabei die Analyse erfolgt, ist den Implementierungen überlassen. Dadurch kann eine Analyse sehr detailliert erfolgen und sich auf alle Informationen eines Paketes beziehen oder stärker auf generischer Ebene die Menge der übertragenen Daten überwachen. Dieser Punkt zielt dabei auf die zwei wichtigsten Kriterien eines Agenten ab, nämlich Performance und Alarmierungsverhalten. Je genauer Pakete analysiert werden, desto mehr Performance wird für den Agenten benötigt und desto höher ist die Wahrscheinlichkeit für positive Fehlalarme. Im Gegensatz dazu kann eine ungenaue Analyse die Wahrscheinlichkeit für negative Fehlalarme erhöhen. Insofern muss von Netzwerklösung zu Netzwerklösung zwischen den Vor- und Nachteilen abgewogen werden.

Die Vorgehensweise der Agenten zur Analyse von Paketen lässt sich in zwei Verfahren unterteilen:

<u>Signaturverfahren</u> – Die absolute Mehrheit der Angriffe aus dem Internet wird entweder von automatischen Programmen verursacht oder (seltener) von Angreifern die auf so genannte <u>Exploit-Scanner</u>* zurückgreifen. Solche Angriffe zeichnen sich durch bestimmte unverwechselbare Muster aus (auch Signaturen genannt), anhand derer sie identifiziert werden können. Bei der Signatur-basierten Paketanalyse werden Netzwerkdaten mit den Signaturen aller erfassten, öffentlich bekannten Angriffe verglichen und identifiziert. Das Verfahren ist dabei vergleichbar mit dem eines Virenscanners. Dabei werden Schädlinge ebenfalls anhand von Signaturen ausfindig gemacht. Wichtig bei dieser Art der Analyse sind stets aktuelle Angriffssignaturen den Agenten als Grundlage zur Verfügung zu Stellen. Der Vorteil dieses Verfahrens ist eine recht geringe Zahl positiver Fehlalarme. Allerdings besteht die Gefahr von negativen Fehlalarmen, sofern ein manueller Angriff durchgeführt wird oder die Signaturen nicht aktuell sind.

<u>Anomalieverfahren</u> – Die Grundlage dieses Verfahrens ist die Definition des Normalzustandes. Dazu legt der Systemadministrator fest welcher Netzwerkverkehr (Protokoll, Netzauslastung, Ports, etc.) von dem System als unbedenklich erkannt werden soll. Alles was nicht diesem Normalzustand entspricht, wird von dem Agenten als potentieller Angriff weitergemeldet. Das Erkennungsverfahren ist dabei selbst lernend, so dass sich der Normalzustand den Entwicklungen des Netzwerkes anpasst. Der Vorteil dieses Verfahrens ist, dass jede Anomalie beobachtet werden kann und somit die Wahrscheinlichkeit eines negativen Fehlalarmes sinkt. Dafür treten in der Regel vermehrt positive Fehlalarme auf.

Bei der Platzierung von Agenten im Netzwerk ist sowohl die Effizienz (kurze Datentransferwege zu den Sensoren), als auch deren Sicherheit zu beachten.

d) *Manager – Rückmeldung*

Die Zielsetzung des Managers (oft auch Server genannt) ist es eine zentrale Kontroll- und Anlaufstelle für die Netzüberwachung zu bieten. Der Manager sichert die ihm übergebenen Daten in einer eigenen Datenbank und ist auch für die Archivierung zuständig. Daneben hat der Manager einige Aufgaben die hier stichpunktartig aufgeführt werden:

- Alarmfunktion – Eine Alarmfunktion bei potentiellen Angriffen kann eine Ausgabe auf der Konsole oder beispielsweise eine verschlüsselte e-Mail an den Administrator sein. Dazu sollte der Manager das Risiko für das Netzwerk aus dem Angriff feststellen (siehe Abbildungsverzeichnis – Abbildung 3).

- Ereigniskorrelation – Zusammenhänge zwischen verschiedenen Meldungen herstellen und nach einer möglichen gemeinsamen Quelle suchen und Angriffsverfahren abbilden.

- Analysen auf hoher Ebene – Meldungen von verschiedenen Agenten zusammenführen und Auswertungen erstellen.

- Überwachung – Überwachen der Sensoren und Agenten auf einwandfreie Funktionalität.

- Policies erstellen und verteilen – Policies können in diesem Fall als Anweisungen für Sensoren und Agenten gesehen werden. Dieser Punkt wird im späteren Kapitel „Intrusion Prevention Systeme" wichtige Funktionen übernehmen.

- Konsolenfunktion – Soziotechnische Schnittstelle zur Interaktion mit Administratoren. Die Konsole muss uneingeschränkten Zugriff auf alle relevanten Informationen des IDS gewährleisten.

- Sicherheitsmanagement – Der Server sollte sowohl starke Authentifizierungsverfahren bieten, als auch physisch in ein umfassendes Sicherheitskonzept eingebettet sein. Er ist die wichtigste und damit schutzbedürftigste Komponente des IDS.

In vielen Fällen wird zusätzlich dazu noch ein stark geschützter Logserver betrieben, der alle Ereignisse des Managers mit protokolliert. Dieser kommuniziert meist über ein anderes Protokoll, hat ansonsten aber keine weiteren Funktionen oder aktiven Dienste. Damit soll der Logserver unsichtbar und unangreifbar für potentielle Eindringlinge sein.

---

4. Angriffsmöglichkeiten gegen ein Netzwerk

In diesem Abschnitt möchte ich kurz anreißen, über welche Methoden ein Netzwerk angegriffen werden kann, um hiermit Erkennungsmöglichkeiten für IDS aufzuzeigen. Um in ein fremdes Netzwerk eindringen zu können, muss zunächst Angriffspunkt ausgemacht werden, z.B. eine Firewall, ein Hostrechner oder auch ein ungeschützter Client. Zunächst sei gesagt, dass es nicht das Eine allgemein gültige Verfahren dazu gibt. Eine Liste der meist ausgenutzten Schwachstellen, die "SANS Top 20 Vulnerabilities" gibt es zum nachlesen auf http://www.sans.org. Ein Angriff kann über mehrere Wochen erfolgen und ist oftmals ein „Herumstochern" in Systemdiensten, Passwortabfragen und Dateisystemen, auf der Suche nach Schwachstellen. Deshalb werden hier nur einige häufige Angriffspunkte aufgeführt.

Die Unterteilung in Informationsbeschaffung über das anzugreifende System und den Angriff an sich ist allerdings bei jedem Angriff von Bedeutung.

Analyse des anzugreifenden Systems

Die gängigste und sicherste Methode um an grundlegende Informationen über fremde Rechner zu gelangen ist die Analyse des TCP/IP-Fingerprints. TCP/IP-Fingerprints sind Besonderheiten die als Antwort auf so genannte Sondierungspakete zurückgegeben werden. Der Vorteil dieser Methode ist, dass die Anfragen normalerweise nicht in Protokolldateien angezeigt werden.

Eine weitere Methode ist das Anfragen bei aktiven Systemdiensten. Um zunächst festzustellen welche Dienste auf dem System aktiv sind, wird für gewöhnlich ein Portscan durchgeführt. Dieser untersucht bestimmte Port-Bereiche und fragt an, ob darunter ein Dienst aktiv ist. Gefundene Dienste geben dann oftmals unnötig viele Informationen bekannt, welche in der Folge böswillig ausgenutzt werden können.

Mittlerweile können Analysen zu entfernten Rechnern und sogar ganzen Adressbereichen automatisch per Software, wie beispielsweise NMap, durchgeführt werden.

Auszug aus der Programmbeschreibung:

„... *It was designed to rapidly scan large networks, although it works fine against single hosts. Nmap uses raw IP packets in novel ways to determine what hosts are available on the network, what services (application name and version) those hosts are offering, what operating systems (and OS versions) they are running, what type of packet filters/firewalls are in use, and dozens of other characteristics.* "

Angriff auf das System

Die einfachste Methode um Kontrolle über einen Rechner zu erlangen, sind durch Falschkonfiguration verursachte offene Sicherheitslöcher. So bieten ungeschützt Passwortdateien, voreingestellte Passwörter oder der Verzicht auf bestimmte Sicherheitsvorkehrungen auf fahrlässige Weise bereits leichten Zugang zu einem System.

Ist ein System ausreichend abgesichert, sind die gängigsten Methoden das Ausnutzen von Buffer Overflows oder anderer Softwarefehler (oft automatisiert durch Würmer), Angriffe via Dictionary* oder per Brute Force* oder per Mitnick-Attack*. Auch häufig sind Methoden über Social Engineering, wobei z. B. Trojaner* per e-Mail an Teilnehmer des anzugreifenden Netzes versand werden. Nur wenn ein Anwender diese (meist getarnte) Datei ausführt, kann der Angriff erfolgen.

Ob durch Softwarefehler, das Erschleichen von Passwörtern oder das Vortäuschen einer anderen Identität, zielen diese Angriffe darauf ab, von einem Netzwerkteilnehmer als autorisierter Benutzer akzeptiert zu werden. Ist das einmal erreicht, so können mit Hilfe des kompromittierten Rechners auf ähnliche Weise weitere Teilnehmer angegriffen werden.

Bei all diesen Angriffen ist jedes Wissen über die interne Netzstruktur, verwendete Plattformen, Benutzerkennungen oder e-Mail Adressen von großer Hilfe. Die Sicherheit des gesamten Netzes ist dabei nur so stark wie sein schwächstes Glied.

---

* markierter Querverweis wird im Index genauer erklärt

Erkennen und Interpretieren von Angriffen

Intrusion Detection Systeme liefern zunächst nur die Daten, die zur Erkennung (oder Falsifizierung) eines potentiellen Angriffes führen. Die endgültige Verantwortung liegt dabei stets bei dem verantwortlichen IT-Spezialisten. Der Weg bis zur Ausgabe auf der Konsole wurde bereits in vorigen Kapiteln beschrieben. Wie nun anhand der Meldungen ein Angriff erkannt werden kann, möchte ich hier mit Hilfe einiger Beispiele aufzeigen. Die dafür abgebildeten Pakete sind folgendermaßen aufgebaut:

```
TIME          SRCHOST  SRCPORT > DSTHOST DSTPORT Proto Size
```

Syn Flooding*

Die Schwierigkeit beim Erkennen von Syn Flooding Angriffen, ist die Verwechslungsgefahr mit positiven Fehlalarmen. So kann folgende Aktivität auf der Konsole ausgegeben werden:

```
14:18:22.5166 host.600 > server.25: S 1382726960:1382726960(0) win 4096
14:18:22.5660 host.601 > server.25: S 1382726961:1382726961(0) win 4096
14:18:22.7447 host.602 > server.25: S 1382726962:1382726962(0) win 4096
14:18:22.8311 host.603 > server.25: S 1382726963:1382726963(0) win 4096
14:18:22.8868 host.604 > server.25: S 1382726964:1382726964(0) win 4096
14:18:22.9434 host.605 > server.25: S 1382726965:1382726965(0) win 4096
14:18:23.0025 host.606 > server.25: S 1382726966:1382726966(0) win 4096
          ........
```

Die Vielzahl der Anfragen deutet zunächst zwar auf eine Syn Flooding Attacke hin. Allerdings indiziert der Zielport 25, dass es sich bei der Aktivität um einen angesprochenen Mailserver handelt. Ähnliche Verwechslungsgefahr besteht bei dem Internet Explorer, der für jedes Bild einer Webseite eine eigene Verbindung öffnet. Solche Aktivitäten lassen sich allerdings an den angesprochenen Ports erkennen.

Ein echter Syn Flooding Angriff sähe folgendermaßen aus:

```
14:18:22.5660 flooder.601 > server.login: S 1382726961:1382726961(0) win 4096
14:18:22.7447 flooder.602 > server.login: S 1382726962:1382726962(0) win 4096
14:18:22.8311 flooder.603 > server.login: S 1382726963:1382726963(0) win 4096
14:18:22.8868 flooder.604 > server.login: S 1382726964:1382726964(0) win 4096
14:18:22.9434 flooder.605 > server.login: S 1382726965:1382726965(0) win 4096
14:18:23.0025 flooder.606 > server.login: S 1382726966:1382726966(0) win 4096
          ........
```

Diese Anfragen richten sich an den Login-Dienst des Servers, was auf eine Syn Flooding Attacke hinweist.

---

* markierter Querverweis wird im Index genauer erklärt   13

Exploit-Scanner*

Viele über das Internet ansprechbare Dienste weisen (sofern nicht gepatcht) offene Sicherheitslücken auf. Um Systeme mit derartigen Sicherheitslücken ausfindig zu machen, gibt es Programme die das Internet dazu absuchen. Solche Programme lassen sich daran erkennen, dass sie innerhalb kurzer Zeit (wenigen Millisekunden) mehrere Verbindungen zu so genannten well-known Ports aufbauen. Ein solcher Scannversuch wird auf der Konsole folgendermaßen ausgegeben:

```
06:13:23.188197 bad.guy.org.6479  > target.mynetwork.com.23:  S
06:13:28.071161 bad.guy.org.15799 > target.mynetwork.com.80:  S
06:13:33.107599 bad.guy.org.25467 > target.mynetwork.com.143: S
06:13:38.068035 bad.guy.org.3861  > target.mynetwork.com.53:  S
06:13:43.271220 bad.guy.org.14296 > target.mynetwork.com.110: S
06:13:47.831695 bad.guy.org.943   > target.mynetwork.com.111: S
```

Trojaner*

Trojaner* lassen sich in der Regel an festgelegten Quellports erkennen. Damit ein Angreifer sich mit dem Trojaner* verbinden kann, muss er dessen Port kennen. Insofern lässt sich diese Art Verkehr recht einfach filtern. Allerdings muss auch hierbei, wie gleich demonstriert wird, auf positive Fehlalarme aufgepasst werden:

```
11:20:44.148361 ns1.com.31337 > ns2.arpa.net.53: 38787 A? arb.arpa.net. (34)
11:52:49.779731 ns1.com.31337 > ns1.arpa.net.53: 39230 ANY? hq.arpa.net. (36)
```

Wie aus dem Auszug ersichtlich wird, ist der Quellport der Anfrage der Port 31337[1] was auf den Trojaner* „Back Orifice" schließen lässt. Verwunderlich ist allerdings der Zielport 53, der auf eine DNS-Anfrage hindeutet. Ein Blick in das betroffene Paket zeigt, dass in diesem Fall aufgrund einer suboptimalen Konfiguration des DNS-Servers die Anfrage tatsächlich über Port 31337 erfolgte. Es handelt sich dabei also um einen positiven Fehlalarm.

Abschließend sei gesagt, dass die hier genannten Beispiele nur das Vorgehen demonstrieren sollen und verstehen sich sicherlich nicht als vollständige Referenz.

---

[1] Die Zahlenkombination 31337 steht in der Sprache der Black-Hat-Hacker* für Leete als Abkürzung für Elite. Solche Symbolik sollte der Administrator kennen und deuten können.

* markierter Querverweis wird im Index genauer erklärt

5. Intrusion Prevention Systeme

Da Intrusion Prevention Systeme oftmals mit IDS verwechselt werden und zwischen den beiden Schnittpunkte in der Netzwerküberwachung bestehen, möchte im Kontext dieser Arbeit auch auf sie eingehen. Intrusion Prevention Systeme unterscheiden sich im Aufbau stark von IDS und könnten eher mit Firewalls verglichen werden. Aufgrund dessen lassen sich IPS gut als Ergänzung zu IDS in Netzwerken einsetzen. Im Gegensatz zu einem IDS handelt sich bei einem IPS nicht um ein passives System. Ein IPS reagiert auf Angriffsversuche indem es entsprechende Gegenmaßnahmen einleitet. Diese Gegenmaßnahmen werden als Anweisungen in Form von Policies an die anderen Netzwerkkomponenten kommuniziert. Resultierende Aktionen können beispielsweise das Schließen bestimmter Ports (oder Portbereichen), das Blocken der IP-Adresse des Angreifers, das Unterbrechen des Netzzugangs oder das Beenden von gefährdeten Diensten sein. Obwohl sich beide Technologien in ihrer Funktionalität bis zu einem gewissen Grad gleichen, nämlich bis zu dem Erkennen von Angriffen, bestehen in dem Aufbau grundlegende Unterschiede. So sind die zentralen Komponenten eines IPS der Traffic Normalizer, Service Scanner, Detection Engine und Traffic Shaper (siehe Abbildungsverzeichnis – Abbildung 4) auf die ich hier aber nicht näher eingehen möchte.

Der Vorteil eines IPS liegt durch die Automatisierung von Gegenmaß-nahmen auf der Hand. Gerade dadurch, dass die meisten Angriffe an Wochenenden oder Feiertagen stattfinden, können IPS oftmals einen besonderen Schutz bieten.

Das größte Problem von IPS besteht in der Gefahr von positiven Fehlalarmen. In deren Folge können automatische Gegenmaßnahmen oftmals zu einer Einschränkung von Netzwerkfunktionalität für alle Teilnehmer führen.

Auch wenn ein IPS den Schutz eines Netzwerkes verstärkt, sollte es nicht als Substitution für ein IDS verwendet werden, da nur das einen zuverlässigen Einblick in aktuelle Netzaktivitäten erlaubt.

6. Fazit

In diesem Kapitel möchte ich näher auf die Zukunftsaussichten von
Intrusion Detection Systemen eingehen, sowie auf die weiteren
Erfordernisse zum Erreichen einer weitgehenden Netzsicherheit gegen
Angriffe.

Intrusion Detection Systeme basieren lediglich auf einem Axiom. Es ist nie
auszuschließen, dass ein Angreifer erfolgreich in ein Netz eindringen
kann, unabhängig davon wie gut Firewalls konfiguriert sind oder wie sicher
das Netzwerk ist.

Was die Zukunft von IDS betrifft, so kann davon ausgegangen werden,
dass sich in absehbarer Zeit an dieser Grundannahme nichts ändern wird.
Dennoch prognostiziert die Gartner Group in einer Studie, dass IDS eines
Tages vom Markt verschwinden werden, da der RoI (Return on
Investment) zu gering ist. Dem gegenüber steht die Tatsache, dass der
Markt für IDS stetig wächst. Fakt ist ebenfalls, dass es derzeit keine
vergleichbare Lösung gibt, um Eindringlinge in einem Netzwerk zu
erkennen. Somit bedeut ein Verzicht auf ein IDS das in Kauf nehmen des
Risikos, die Kontrolle über das eigene Netzwerk zu verlieren oder
firmeninterne Daten an die Öffentlichkeit oder Konkurrenten preiszugeben.
In der heutigen, zunehmend IT-abhängigen Geschäftswelt kann und sollte
ein solches Risiko von (fast) keiner Firma eingegangen werden. Insofern
wird zwar eine Investition in ein IDS zunächst keinen spürbaren oder
entgeltlichen Gegenwert liefern, dennoch kann seine Existenz entschei-
dend für die operative Geschäftsfähigkeit eines Unternehmens sein.

Die Existenz eines IDS alleine reicht allerdings nicht aus, um sich
erfolgreich gegen Angriffe zur Wehr setzen zu können. Der wichtigste
Schritt, der infolge eines Alarmes erfolgen muss, ist das Erkennen und
Einordnen des Angriffs. Bei den meisten Meldungen stellt sich die
Ursache als harmlose Netzwerkaktivität heraus. Allerdings hat gerade
diese Tatsache die gefährliche Wirkung, dass echte Angriffe
fälschlicherweise und zum Teil aus Gewohnheit, direkt als Fehlalarm
abgestempelt werden. Ein fähiger Administrator oder IT-Spezialist ist
sowohl zu diesem Zweck, als auch um entsprechende Gegenmaßnahmen

---

* markierter Querverweis wird im Index genauer erklärt   16

einzuleiten, unbedingt erforderlich. Daneben sollte ein IDS immer in ein bestehendes Sicherheitskonzept (z. B. mit Honeypots* und IPS) eingebettet werden. Um bisher noch unbekannten Angriffsmethoden vorzubeugen, kann es für Administratoren von besonders gefährdeten Unternehmen sinnvoll sein, selbst Kontakte in der Hackerszene zu haben, oder sich Zugang zu entsprechenden Informationsquellen zu erschließen. Was die technische Entwicklung von IDS betrifft, so befindet sich diese in einer ständigen Evolution. Insbesondere die automatische Datenkorrelation mit deren Hilfe aus einzelnen Alarmmeldungen ein Angriffsmuster ausgemacht werden kann, bietet noch viel Potential für zukünftige Entwicklungen. Auch geht der Trend zunehmend in Richtung Anomaliebasierter Agenten, welche eine höhere Sicherheit bieten können. Eine stärkere Beachtung sollte zukünftig Host-basierte Sensoren zukommen. Durch die zusätzlichen Auswertungsmöglichkeiten bieten diese einen weiteren Schutz. Dennoch wird in der Praxis darauf meist verzichtet um Problemen mit dem Host-Rechner aus dem Wege zu gehen. Neben den eben genannten Entwicklungen befinden sich IDS in ständiger Weiterentwicklung um im Wettlauf mit Black-Hat-Hackern* und deren Tools einen Schritt voraus sein zu können.

Betrachtet man abschließend die Entwicklung der Angriffe aus dem Internet so wird deutlich, dass die Computer- und insbesondere Netzwerksicherheit in Zukunft eine noch wichtigere Rolle einnehmen wird. Die Kommerzialisierung der Black-Hat-Hacker* Szene, einhergehend mit einer Mentalität des IT-Söldnertums* bedeutet für Unternehmen eine größere Gefahr als noch vor einigen Jahren. In Folge dessen ist die Wahrscheinlichkeit gestiegen, dass Angriffe mit kommerziellem Hintergedanken (ggf. beauftragt durch einen Konkurrenten) auf eine wirtschaftliche Schädigung des Unternehmens abzielen. Dadurch befinden sich Systemadministratoren stets im Kampf mit böswilligen Black-Hat-Hacker*, die ihr eigenes Waffen-arsenal ebenfalls weiterentwickeln (z. B. Botnets).

Bei diesem Kräftemessen nimmt ein IDS die Funktion der Augen und Ohren des Administrators ein. So stellt sich bei einem Verzicht auf ein IDS die Frage, was helfen dem Verantwortlichen die Besten Waffen und Vorkehrungen, solange er damit nur blind um sich schlagen kann?

7. Anhang

a) Index

Black-Hat-Hacker: „Hacker werden heutzutage gemeinhin in zwei Kategorien eingeteilt, die Black Hats und die White-Hats. Hierbei bezeichnet die Farbe des Hutes (Hat) die philosophische Einstellung des Hackers. Ein Hacker mit schwarzem Hut (Black Hat) handelt dabei mit krimineller Energie, entweder um das Zielsystem zu beschädigen, oder um Daten zu stehlen." (Quelle: http://de.wikipedia.org/wiki/Black-Hat)

Brute Force Attack: Bezieht sich hier auf ein Programm, das alle möglichen Buchstabenkonstellationen zu einer Passwortabfrage ausprobiert, um gültige Anmeldedaten ausfindig zu machen.

Demilitarisierte Zone: Demilitarized Zone (DMZ, deutsch: entmilitarisierte Zone) bezeichnet einen geschützten Rechnerverbund, der sich zwischen zwei Computernetzwerken befindet. Der Rechnerverbund wird jeweils durch einen Paketfilter gegen das dahinterstehende Netz abgeschirmt. Der Sinn dieses Aufwandes ist es, möglichst auf sicherer Basis Dienste des Rechnerverbundes sowohl dem einem als auch dem anderem Netz zur Verfügung zu stellen. (Quelle: http://de.wikipedia.org/wiki/DMZ)

Dictionary Attack: Ähnlich der Brute Force Attack*, allerdings werden hierbei nicht alle möglichen Buchstabenkonstellation verwendet, sondern die Inhalte spezieller Passwortlisten (http://www.accessdata.com/dictionaries.htm)

Exploit-Scanner: Kleine Programme die in der Cracker-Szene kursieren und Rechner im Internet nach bestimmten, meist bereits bekannten, Sicherheitslücken absuchen um diese auszunutzen und das System anzugreifen.

Honeypot: Als ein Honeypot wird ein Programm (oder ein kompletter Server) bezeichnet, das die Aufgabe hat, Angriffe in einem Netzwerk auf

---

* markierter Querverweis wird im Index genauer erklärt

sich zu ziehen und Aktionen des Angreifers zu protokollieren. Dadurch lassen sich Vorgehensweisen besser nachvollziehen und Schaden von wichtigen Komponenten fernhalten.

IT-Söldnertum: Beschreibt eine Art nicht-öffentlichen Arbeitsmarkt in der Cracker-Szene. Dabei stellen Personen ihr Wissen und ihre Fertigkeiten im IT-Bereich für (meist illegale) Arbeiten gegen Bezahlung zur Verfügung.

Mitnick-Attack: Benannt nach dem Erfinder Kevin Mitnick, der damit erstmals einen erfolgreichen Angriff gegen Tsutomu Shimomura's Systems durchführte. Die Technik besteht zunächst darin, eine vertrauenswürdige Verbindung zu einem zweiten externen PC ausfindig zu machen. Dieser Rechner kann per Syn-Flooding* blockiert werden und der Angreifer sich bei dem Gegenpartner als dieser vertrauenswürdiger Teilnehmer ausgeben.

Stealth Mode: Betriebsmodus für IDS-Netzwerksensoren in dem diese für das zu überwachende Netzwerk unsichtbar sind. Erreicht wird das dadurch, dass der Sensor in dem zu überwachenden Netz keine IP-Adresse zugeordnet bekommt und die Kommunikation mit den Agenten über ein anderes separates Netz (über eine weitere Netzwerkkarte) stattfindet. Somit kann der Sensor selbst, nur schwer von Angreifern kompromittiert werden.

Syn-Flooding: Syn-Flood-Attacken werden eingesetzt um die Kommunikation von Computern zu unterbinden. Sie sind oftmals Teil eines komplexeren Angriffes und zielen nicht darauf ab die Bandbreite auszulasten, sondern die Systemressourcen des Servers selbst zu blockieren. Dazu verschicken sie sogenannte SYN-Pakete an den TCP-Port des Dienstes, bei einem Web-Server also auf Port 80.

Trojaner: Als Trojanisches Pferd (kurz Trojaner) bezeichnet man in der Computersprache Programme, die sich als nützliche Programme tarnen, aber in Wirklichkeit Malware (Schad-Software) einschleusen und so den Benutzer (z.B.) ausspionieren oder den Computer fernsteuern lassen.

Abbildungsverzeichnis

Abbildung 1

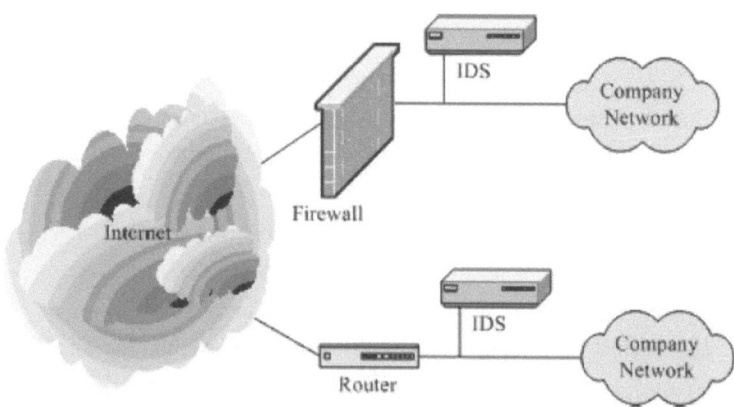

Figure 1-4 Typical locations for an intrusion detection system.

Quelle: "Intrusion Detection Systems with Snort"

Abbildung 2

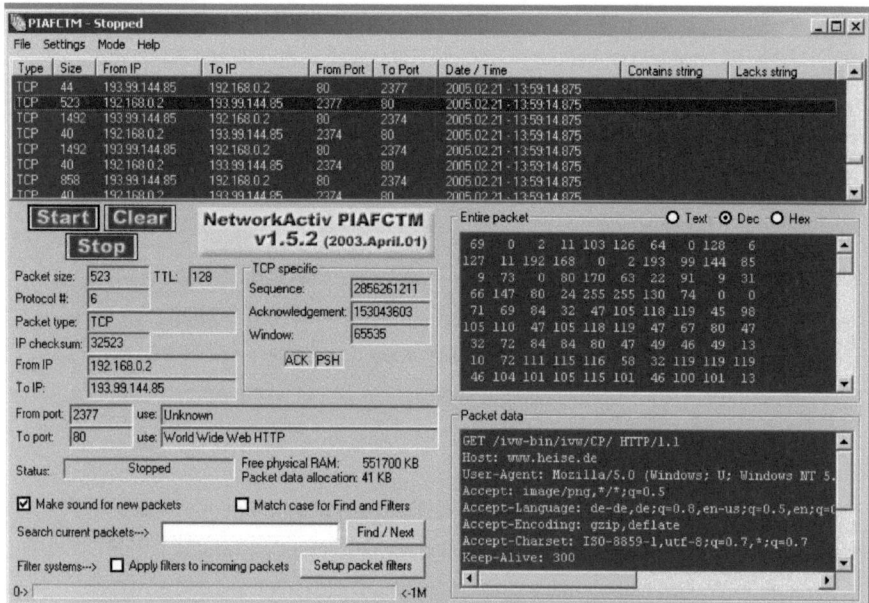

Eigene Abbildung – Paketanalyse mit dem NetworkActiveMonitor

Abbildung 3

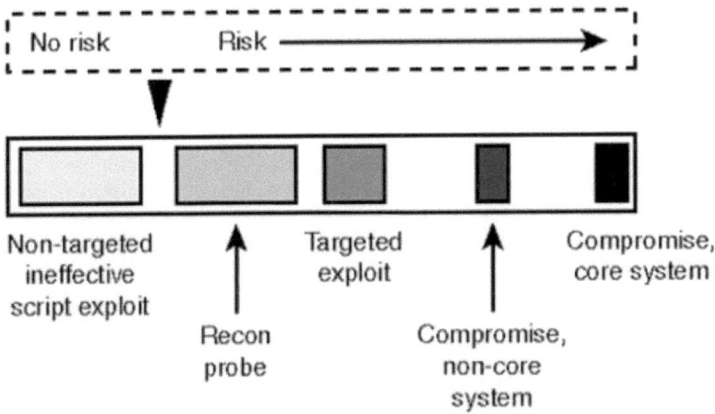

Quelle: *"Network Intrusion Detection: An Analyst's Handbook"*

Abbildung 4

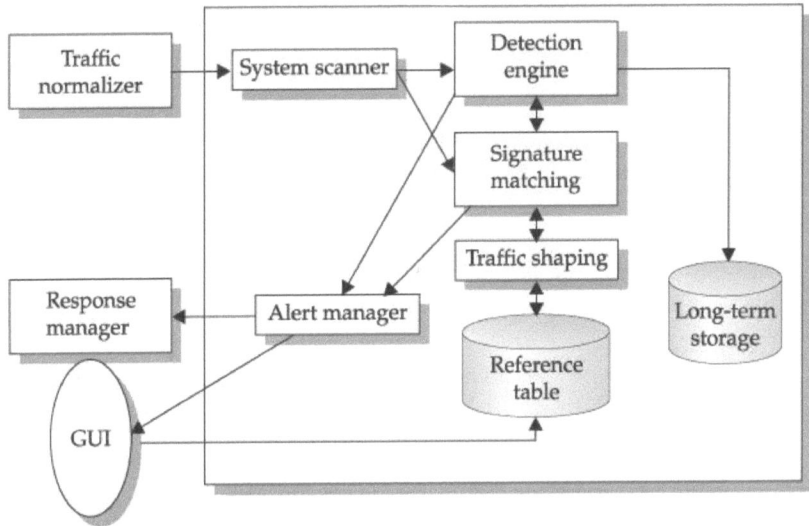

Quelle: *"Intrusion Detection & Prevention"*

b) Literaturverzeichnis

Endorf (Carl), Schultz (Eugene), Mellander (Jim) - Intrusion Detection & Prevention, 2004 – Publisher: McGraw-Hill

Grace, Clive - PC Network Advisor: Understanding Intrusion Detection Systems; September 2000 – Publisher: itp journals

Helden (Dr. Josef von) & Karsch (Dr. Stefan) – Grundlagen, Forderungen und Marktübersicht für Intrusion Detection Systeme (IDS) und Intrusion Response Systeme (IPS) (Studie für das Bundesamt für Sicherheit in der Informationstechnik Deutschland); 19.10.1998 – Publisher: Debis IT Security Services

Northcutt, Stephen - Network Intrusion Detection: An Analyst's Handbook; First Edition June 16, 1999 - Publisher: New Riders Publishing

Rehman, Rafeeq - Intrusion Detection Systems with Snort, 2003 – Publisher: Prentice Hall PTR

Unbekannt – Die 7 Ws zu IDS (Gewinner des Computec Contest 01/2003: Intrusion Detection); März 2003